LAS PODE PALABRAS

PALABRAS

LA VIDA DEL DOCTOR

ROSAS
DE MARTIN

MARTIN LUTHER KING, JR.

DOREEN RAPPAPORT
ILUSTRACIONES DE BRYAN COLLIER
TRADUCCIÓN DE ISABEL C. MENDOZA

VISTA

© 2021, Vista Higher Learning, Inc.
500 Boylston Street, Suite 620
Boston, MA 02116-3736
www.vistahigherlearning.com
www.loqueleo.com/us

Publicado originalmente en Estados Unidos y Canadá bajo el título *Martin's Big Words* por Disney / Hyperion Books.
Esta traducción ha sido publicada bajo acuerdo con Disney Book Group, LLC., conocido ahora como LBYR Plus, LLC.

Dirección Creativa: José A. Blanco
Director Ejecutivo de Contenidos e Innovación: Rafael de Cárdenas López
Desarrollo Editorial: Lisset López, Isabel C. Mendoza
Diseño: Paula Díaz, Daniela Hoyos, Radoslav Mateev,
Gabriel Noreña, Andrés Vanegas
Coordinación del proyecto: Brady Chin, Tiffany Kayes
Derechos: Jorgensen Fernandez, Annie Pickert Fuller
Producción: Oscar Díez, Sebastián Díez, Andrés Escobar,
Adriana Jaramillo, Daniel Lopera, Daniela Peláez
Traducción: Isabel C. Mendoza

Las poderosas palabras de Martin
ISBN: 978-1-54333-584-2

Published in the United States of America
2 3 4 5 6 7 8 9 GP 27 26 25 24 23

NOTA DE LA AUTORA

Tuve mi primer contacto con la filosofía de la no violencia en 1955 cuando era estudiante de secundaria, durante el boicot a los autobuses en Montgomery, y después como maestra durante las sentadas en el Sur en los años sesenta. La valentía y la decisión de los estadounidenses negros del Sur que enfrentaron la violencia con no violencia transformaron mi vida y mis ideas. En 1963, asistí a la Marcha de Washington para apoyar este inspirador movimiento. Me trasladé al Sur para dar clases en una escuela de libertad de Mississippi durante el verano de 1965. En Mississippi, fui testigo de lo frágil que resultaba ser negro en el Estados Unidos blanco.

El doctor Martin Luther King, Jr., fue una de las grandes figuras del movimiento por los derechos civiles. Como parte de mi preparación para escribir este libro, leí biografías de él. Aprendí que de niño decidió usar "poderosas palabras". Releí su autobiografía y sus discursos, sermones y artículos: allí encontré sus "poderosas palabras". Son sencillas y directas, pero profundas y poéticas. Sus palabras siguen inspirándome hoy en día.

—Doreen Rappaport

NOTA DEL ILUSTRADOR

Cuando cierro los ojos y pienso en la vida del doctor King, la imagen que más me viene a la mente, una y otra vez, es la de las ventanas de vitral de una iglesia. Para mí, esas ventanas son metáforas en varios sentidos. La variedad de colores simboliza las diferentes razas. Los vitrales también son vehículos para contar la historia de Jesús. Además, las ventanas te permiten ver hacia el otro lado, ya sea que estés adentro o afuera. En todas mis obras, uso metáforas. En la última ilustración, por ejemplo, las cuatro velas representan a las cuatro niñas que murieron en la iglesia bautista de la calle dieciséis. Su luz sigue encendida.

Al ilustrar la vida del doctor King, me propuse darle una perspectiva fresca a una historia que se ha contado muchas veces. En algunos casos, las imágenes tenían que guardar el rigor histórico. En otros, traté de llevarlas a un nivel emocional que le permita al lector combinarlas con su propia experiencia sin perder la intensidad ni la intención del relato. El *collage* es un medio ideal para lograr este propósito, ya que me permite juntar diferentes cosas que no están relacionadas de manera que formen una unidad.

—Bryan Collier

En su ciudad natal, Martin veía por todos lados avisos que decían **SOLO PARA BLANCOS**. Su mamá decía que esos avisos estaban en todas las ciudades y pueblos del Sur de Estados Unidos. Martin se sentía mal cada vez que leía aquellas palabras; hasta que recordaba lo que le había enseñado su mamá:

"Eres tan bueno como cualquier otra persona".

SOLO PARA BLANCOS

En la iglesia, Martin cantaba himnos, leía la Biblia y escuchaba los sermones de su padre. Esas palabras lo hacían sentir bien.

"Cuando sea grande, yo también voy a usar palabras poderosas".

Martin creció.
Se convirtió en pastor como su padre
y usó las mismas palabras poderosas
que había escuchado de sus padres
y de la Biblia siendo niño.

"Todos podemos llegar a sobresalir".

Martin estudió las enseñanzas de
Mahatma Gandhi. Aprendió que su nación,
la India, obtuvo la libertad sin disparar un arma.
Martin decía "amor"
mientras otros decían "odio".

"El odio no puede acabar con el odio. Solo el amor puede hacerlo".

Martin decía "juntos"
mientras otros decían "separados".
Decía "paz" mientras otros
decían "guerra".

"Tarde o temprano,
toda la gente
del mundo
tendrá que
encontrar
la manera
de convivir".

Un frío día de diciembre de 1955,
en Montgomery, Alabama, Rosa Parks
regresaba a casa después del trabajo.
Un hombre blanco le pidió que se
levantara de su asiento en el autobús
para que él pudiera sentarse.
Ella dijo "No" y la arrestaron.

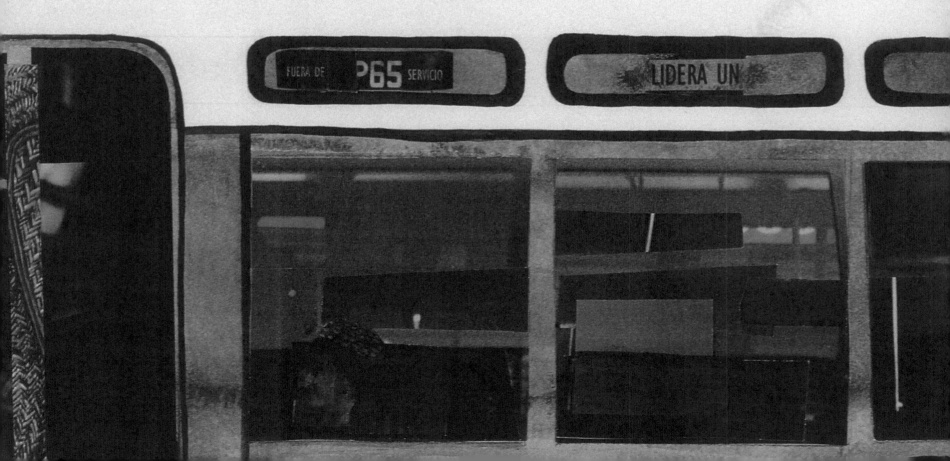

Cuando los ciudadanos negros de Montgomery
se enteraron, se pusieron furiosos.
Decidieron no usar autobuses hasta que
los dejaran sentarse donde quisieran.

Durante trescientos ochenta y un días,
caminaron al trabajo, a la escuela y a la iglesia.
Caminaron bajo la lluvia, con frío
y con un calor abrasador.
Martin caminó con ellos, y habló, cantó
y rezó con ellos hasta que los dirigentes
blancos de la ciudad tuvieron que permitirles
que se sentaran donde quisieran.

"Cuando se escriban los libros de historia, se dirá que existieron personas negras que tuvieron la valentía de exigir sus derechos".

Durante los siguientes diez años, estadounidenses negros de todo el Sur protestaron por la igualdad de derechos. Martin caminó con ellos, y habló, cantó y rezó con ellos.

Pastores blancos les pidieron que pararan. Alcaldes y gobernadores, comandantes de la policía y jueces les ordenaron que pararan. Pero ellos siguieron marchando.

"¡Esperen! Por años he escuchado la palabra '¡Esperen!'. Hemos esperado más de trescientos cuarenta años para que se reconozcan nuestros derechos".

Los encarcelaron, los golpearon y los mataron. Pero ellos siguieron marchando. Algunos estadounidenses negros quisieron luchar con sus puños. Martin los convenció de no hacerlo, recordándoles el poder del amor.

"El amor es la clave para resolver los problemas del mundo".

Muchos sureños blancos odiaban
las palabras de Martin y les temían.
Algunos amenazaron con matarlo
y matar a su familia.
Pusieron bombas en su casa
y en la de su hermano.
Pero él se rehusó a parar.

**"Recuerden que,
si alguien me detiene,
este movimiento
no se detendrá
porque Dios
está con él".**

Las marchas continuaron.
Cada vez más estadounidenses
escuchaban las palabras de Martin.
Él compartió con ellos sus sueños
y los llenó de esperanza.

**"Sueño que un día,
en Alabama, los niños negros
y las niñas negras se tomen
de la mano con los niños blancos
y las niñas blancas,
como hermanos y hermanas".**

Al cabo de diez años de protestas,
en Washington, los legisladores votaron
para terminar con la segregación.
En el Sur se eliminaron los avisos que
decían **SOLO PARA BLANCOS**.

Al doctor Martin Luther
King, Jr., le importaban
todos los estadounidenses.
Le importaba la gente
de todo el mundo.
Y lo admiraban en todas
partes del planeta.
En 1964 le concedieron
el Premio Nobel de la Paz.
Se lo ganó porque les
enseñó a otros a luchar
con las palabras en lugar
de los puños.

Martin iba dondequiera que
hubiese gente que necesitara ayuda.
En abril de 1968, fue a Memphis, Tennessee,
para apoyar a los recolectores
de basura que estaban en huelga.
Martin caminó con ellos, y habló,
cantó y rezó con ellos.

Al día siguiente,
le dispararon.

Martin murió.

Libertad

PAZ

Sus poderosas palabras siguen vivas hoy para nosotros.

Juntos

Sueño que un día

AMOR

Fechas importantes

15 de enero de 1929: nace Martin Luther King, Jr., en Atlanta, Georgia.

18 de junio de 1953: Coretta Scott y Martin Luther King, Jr., se casan.

17 de mayo de 1954: en el caso "Brown contra la Junta de Educación de Topeka", la Corte Suprema de Justicia declara inconstitucional la segregación racial en las escuelas públicas.

17 de noviembre de 1955: nace Yolanda Denise King.

5 de diciembre de 1955-21 de diciembre de 1956: boicot a los autobuses de Montgomery.

10-11 de enero de 1957: se funda la Conferencia Sur de Liderazgo Cristiano y el doctor King es elegido como su presidente.

23 de octubre de 1957: nace Martin Luther King III.

1 de febrero de 1960: se realiza la primera sentada en Greensboro, Carolina del Norte.

30 de enero de 1961: nace Dexter Scott King.

Noviembre de 1961-agosto de 1962: movimiento de protesta en Albany, Georgia.

28 de marzo de 1963: nace Bernie Albertine King.

Abril-mayo de 1963: movimiento de protesta en Birmingham, Alabama.

28 de agosto de 1963: el doctor King pronuncia el discurso "Sueño que un día" en la Marcha de Washington,

23 de enero de 1964: la Vigesimocuarta Enmienda prohíbe condicionar el voto en las elecciones federales al pago del impuesto de capitación.

2 de julio de 1964: se firma la Ley de Derechos Civiles, que prohíbe la discriminación en los servicios públicos y para dar empleo.

10 de diciembre de 1964: el doctor King recibe el Premio Nobel de la Paz.

Enero-marzo de 1965: movimiento de protesta en Selma, Alabama.

6 de agosto de 1965: se aprueba la Ley de Derechos Electorales.

4 de abril de 1968: el doctor King es asesinado.

11 de abril de 1968: el presidente Johnson firma la segunda Ley de Derechos Civiles.

19 de octubre de 1981: se inaugura en Atlanta, Georgia, el Centro para el Cambio Social Sin Violencia Martin Luther King, Jr., llamado también el Centro King.

22 de noviembre de 1982: el Senado de Estados Unidos aprueba la construcción de un monumento al doctor King en Washington D. C.

15 de enero de 1986: se celebra por primera vez el cumpleaños del doctor King como un día feriado nacional.

Sobre la autora

Los libros informativos y de ficción histórica de Doreen Rappaport han sido aclamados por su rigurosa investigación y variedad de estilos literarios. Rappaport fue galardonada con el premio a una vida dedicada a la escritura de libros de no ficción otorgado por el diario *The Washington Post* y el Children's Book Guild. Entre sus muchas biografías premiadas, se encuentra *Martin's Big Words*, la edición original en inglés del libro que tienes en tus manos; así como *Abe's Honest Words: The Life of Abraham Lincoln* (publicado en español como *Las honestas palabras de Abraham*), ilustrado por Kadir Nelson; obra que recibió premios como el International Reading Association Teachers' Choice Award y fue recomendada en las listas New York Public Library 100 Books for Reading y Chicago Public Library Best of Best Children's Books. Otros libros de la autora publicados en español incluyen *El viaje de Frederick*, ilustrado por London Ladd; *Eleanor ya no se calla*, ilustrado por Gary Kelley; *Fue idea de Elizabeth*, ilustrado por Matt Faulkner; y *Wilma regresa a casa*, ilustrado por Linda Kukuk. La autora vive en el norte del estado de Nueva York. La puedes visitar en <www.doreenrappaport.com>.

Sobre el ilustrador

Bryan Collier ha ilustrado más de veinticinco álbumes infantiles y ha ganado cuatro menciones de honor del prestigioso premio Caldecott. También ha sido galardonado con el Premio Coretta Scott King de Ilustración en seis ocasiones y ha recibido tres menciones de honor de este mismo premio. El primer premio Coretta lo recibió por *Uptown*, un libro del cual también es autor. Collier comenzó a crear obras de arte con su estilo característico (una mezcla de *collage* y acuarela) a los quince años de edad. Sus pinturas se han exhibido en muchas exposiciones. Viaja con frecuencia para hablar sobre sus libros y el trabajo artístico en escuelas y bibliotecas. Vive y pinta en el norte del estado de Nueva York. Puedes visitarlo en <www.bryancollier.com>.

La ilustración de la portada de este libro se basa en una fotografía del doctor Martin Luther King, Jr., tomada por Flip Schulke. El señor Schulke es un galardonado reportero gráfico que, durante sus cuarenta y dos años de carrera profesional, ha trabajado en destacadas revistas como *Life*, *Look*, *Ebony* y *National Geographic*. Posee una de las más grandes colecciones privadas de fotografías del doctor King y del movimiento por los derechos civiles. Puedes ver varias de esas fotografías en su página web: <www.flipschulke.com>.